교신 중

창연
디카
시선
024

박순생 디카시집

교신 중

창연

■ 작가의 말

자꾸 내 눈길을 붙잡는 것들이 늘어나고
가던 발길이 자주 멈추게 되고
그때마다 건넨 내 이야기가
순간으로 박제되었습니다

나는 이 세상의 더 먼 곳으로
교신 중입니다

                        2024년 가을
                           박순생

차례

■ 작가의 말 • 5

1부_교신 중

사랑 • 12
가족사진 • 14
숨은 보석 • 16
자화상 • 18
복채 • 20
저 입들 • 22
수다방 • 24
교신 중 • 26
호기심 • 28
번뇌 • 30
저녁노을 • 32
농심 • 34
봄기운 • 36
회춘 • 38
봄을 미리 준비합니다 • 40
다둥이네 • 42
준비 • 44
섬 • 46

2부_또 다른 길

DNA • 50
상흔 • 52
세월의 힘 • 54
도와주세요 • 56
숙명 • 58
또 다른 길 • 60
연륜 • 62
가난한 세입자 • 64
스토커 • 66
애가哀歌 • 68
아픈 손가락 • 70
외길 인생 • 72
조나단의 꿈 • 74
어사화 • 76
꽃의 뒷면 • 78
무료분양 • 80
공중제비 • 82
이정표 • 84

3부_풍경을 팝니다

산사의 풍경 • 88
비 오는 날의 수채화 • 90
언감생심焉敢生心 • 92
레전드 legend • 94
뱀띠나무 • 96
종소리 • 98
쪽물 • 100
숨은 그림 찾기 • 102
풍경을 팝니다 • 104
호위무사 • 106
이중창 • 108
통영국제음악당 • 110
로켓 • 112
송화백 • 114
야경夜耕 • 116
축포 • 118

■ 해설
삶의 희로애락에 바치는 헌시獻詩
- 이기영(시인) • 121

1부
교신 중

사랑

한 쪽으로만
무한정
뻗어가는 마음

가족사진

애들아!
모두 모여라
사진 한 장 찍어두자

숨은 보석

아들의 짝을 찾았다
야무지고 선한 눈망울을 가진

자화상

어린 시절
기억 한 조각
여기 박제되어 있었네

복채

가족 건강
시험 합격
소원 성취 원하거든

여기
내 입을 보아라

저 입들

나이 들어가면서
입은 닫고
지갑은 열라고 했는데

장독 다 깨지겠네

수다방

앞뒤 가리지 않고
튀어나오는 저 말들

눈먼 말들일랑
부디 거두소서

교신 중

저 광활한 우주는 어떤 세상일까
안테나 활짝 펴고 주파수를 맞춘다

은하수를 여행하는 히치하이커*를
만날지도 모르겠어

*은하수를 여행하는 히치하이커: 영국의 극작가인 더글러스 애덤스의 〈은하수를 여행하는 히치하이커를 위한 안내서〉라는 SF 영화의 제목에서 차용함.

호기심

새가 되어
창공을 날아보면
나의 미래가 환히 펼쳐질까

번뇌

몸은
학이 되어 춤사위를 펼치라는데
머릿속은
온갖 잡념으로 가득하네

저녁노을

오늘 하루도
애쓴 당신을 위해
불러주는 세레나데

농심

햇살, 바람, 비바람도
저마다의 계산법이 다 있지
못 생겨도 향으로 승부를 내거나
톡 쏘는 맛, 달콤한 빛깔이거나

땅은 거짓말을 하지 않지

봄기운

겨울나라 꽁, 꽁,
얼어붙은 심장으로
스며드는
저, 꽃의 체온

회춘

돌아왔구나!
청춘이여

봄을 미리 준비합니다

겨울농사 준비 끝

들불처럼 번져올 그날을
지금 단디* 주문합니다

*단디: '단단히', '똑바르게'라는 뜻의 경상 방언

다둥이네

멸종 위기에 처한 농촌에
대한이, 민국이, 만세
웃음소리가 천지에

환하다

준비

이번 생의
마지막 불꽃을 터트릴 시간이다

섬

목이 빠지는 줄도 모르고
다리가 저리는 줄도 모르는
이 하염없는 기다림

2부
또 다른 길

DNA

아빠, 내 심장을 떼어내
벼슬을 만들었어요
오매불망 꿈틀대던 수탁의 본성이에요!

감히, 누구도 죽일 수 없는

상흔

살아가면서 한 번쯤은
가슴이 텅 비어버리는 일이 있지

생의 가장자리가 다시 채워지고
만개한 푸른 날들로 뒤덮이는 건
수많은 꽃들을 버렸기 때문

세월의 힘

대들보도 안 되고, 상량판도 안 되고
도마, 그마저도 쓸모가 없다
버려진 세월
버티고 버텼더니

세월이 구불구불 낙락장송 되었구나

도와주세요

행인들의 발밑에서 비명소리 들린다
아무도 돌아보지 않는
그 자리에
대신 살아줄 수 없는 목숨 하나가

아프다

숙명

굼벵이도 구르는 재주가
있다는데
그 하찮은 재주조차 없어
온 몸으로 견디는 이끼 낀 세월

또 다른 길

길 위에 또 길 하나

이름도 없이 흔적도 없이
왔다가는 목숨들의
질기디 질긴 항로

연륜

세월이 흐르다 멈추면
내 몸 안에 우주선도 날아다니고
나비도 날아다니게 되고
상처마저도 아름다워진다

가난한 세입자

이곳에는 지하층이 없습니다
부득이하게
옥탑방에 집을 마련했어요

초고층 아파트의 펜트하우스가 아니에요

스토커

사랑도 지나치면 병이 된다
진드기처럼 달라붙어 떨어질 줄 모른다
피를 말린다

애가哀歌

곤녕합* 처마 끝에 떠도는
마지막 한 마디

'내가 조선의 국모다'

*곤녕합: 경복궁 북쪽에 있는 건청궁의 전각으로 명성황후가 왜인들에 의해 시해된 곳

아픈 손가락

셋이면 어떻고 다섯이면 어때!
틀린 게 아니고 조금 다를 뿐

외길 인생

매일매일 줄을 타면 행복했다
집이 생기고
먹을거리까지 해결되었으니

다만, 외로움을 알기 전까지는

조나단의 꿈

오늘을 위해
그토록 수없이 비행 연습을 했지

나는 이제 높이 날기 위해서가 아니라
새벽을 열기 위해 날 거야

어사화

긴 겨울 모진 바람과
살을 에는 추위
이겨냈더니
좋은 날이 오더이다

꽃의 뒷면

늘 화사하게 분칠한 저 표정 뒤에
숨고 싶은 벌레의 본성

못 본 척 지나가주세요

무료분양

이곳에는
사기 치는 사람 없어요

이웃에
신축 건물도 계속해서 늘어나고 있답니다

공중제비

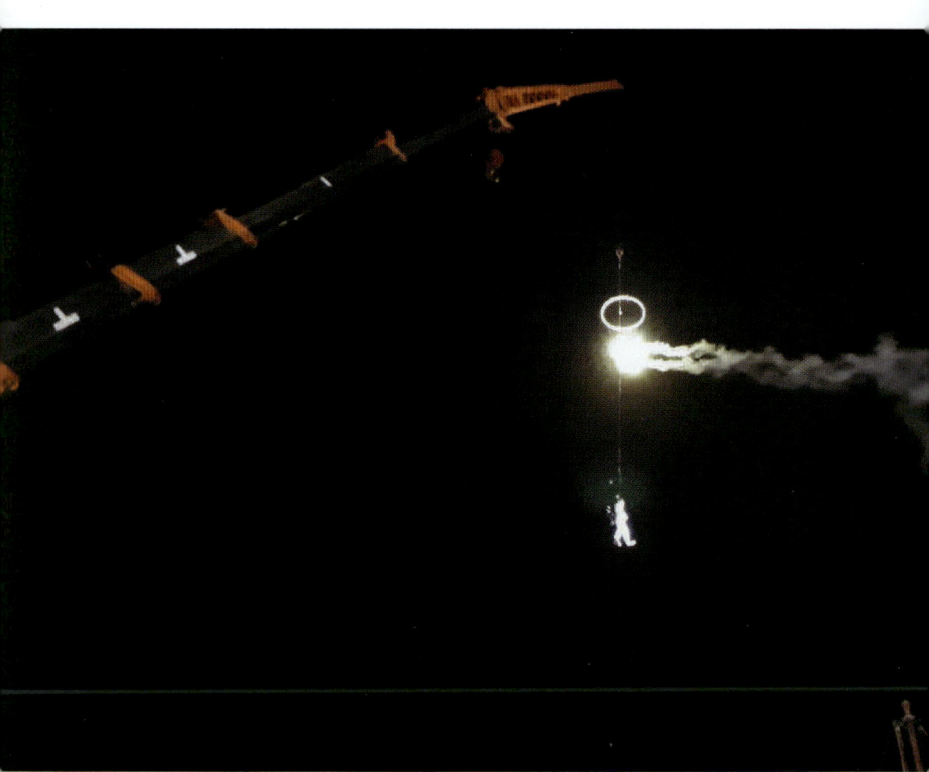

돌고 도는 인생
다 거기서 거기, 뭐 별거 있나요
세상 구경 잘 하고
착지만 잘하면 되지

이정표

어디로 가지?

푸른 길잡이가 방향을 알려준다
선택만 하면 된다

3부
풍경을 팝니다

산사의 풍경

바람도 조심하여 풍경조차 건들지 않아
나도 뒤꿈치 들고 걸었네

풀잎마저 참선 중인 어느 오후

비 오는 날의 수채화

비가 오는 날에는
하늘의 별들은 다 어디로 갔을까 궁금했는데
빗물 따라 소풍 오는 날이었구나

언감생심 焉敢生心

오천 년을 살고
30미터까지 자란다는 바오밥나무도
어린 시절엔 이랬어요

레전드 legend

어쩌다
돌고 도는 모습을
들켜버린 '나'

이후
비보이의 전설이 되었다고 합니다

뱀띠나무

코끼리를 삼킨 보아뱀은 아는데
저렇게 산발을 하고
승천하려는 용은 본 적이 없어

종소리

저 울림 하나로 하여
꽃잎 벙글고
꿀벌 찾아들것다

쪽물

가을 하늘
한 조각
내게로 왔다

숨은 그림 찾기

용의 발톱
사마귀 뒷다리
세 잎 클로버
달의 한숨
초록의 등

풍경을 팝니다

저 너머 세상
가져온
나는 봉이 김선달

호위무사

꽃 잔치 한마당에
은근슬쩍 무임승차한

저 놈!

알고 보면
꼬이는 해충들 물리치는 보디가드라네

이중창

쉿!
모두 입 다물고
마음으로 들어봅시다

통영국제음악당

청운의 꿈을 안고 미지의 세계로
윤이상 선생이 그랬던 것처럼

로켓

노아의 방주처럼
이 세상을 한가득 싣고
밤마다 항해를 떠난다

백 스물 셋 -, -, 스물 셋, -, -, 셋, 둘, 하나

발사!

송화백

시시각각 밤하늘을 붓질하여 그려낸
명화 한 장

야경 夜耕

불야성을 이루는 서울의 밤

북극성, 황소자리별, 처녀자리별들
아직 경작되는 않는 곳들을
갈아엎고 있다

물길이 흘러든다

축포

오늘 하루도 잘 살아냈다고
다시 기운내서 새날을 준비하라고
저 끝에서 이 끝까지
온통
응원가가 울려퍼진다

■해설

삶의 희로애락에 바치는 헌시獻詩

이기영(시인)

■ 해설

삶의 희로애락에 바치는 헌시獻詩

이기영(시인)

　박순생 작가는 2003년 《조선문학》에 수필로 신인상을 받으며 문단에 나온 지 올해로 21년차인 중견의 수필가이다. 그간 수필집도 발간을 하였고 《경남문학》 올해의 작품상까지 수상하는 영예를 안았으니 필력면에서는 누구도 부인할 수 없는 실력을 갖춘 작가이다.

　수필은 자신을 둘러싼 일상의 체험이나 사색, 성찰 등을 가감없이 솔직하게 객관적이면서 사실적이고 자기고백적으로 표현하는 산문 문학이지만 이와 달리 시는 비유와 상징, 함축을 사용하면서 운율을 고려하여야 하고 또한 지극히 주관적이면서 상상의 세계를 펼쳐 보여주어야 하는 운문 문학이다. 더 나아가 우리 눈에 보이는 현상 그 이면의 세계에 무엇이 있는지를 통찰과 직관으로 보여주는 것이다. 그러니 수필과 시는 작법 자체가 너무나 달라서 두 장르를 다 잘하기는 사실상 굉장히 어렵다.
　그런데 수필가인 박순생 작가가 디카시를 접한 지 1

년 여 만에 50여 편을 묶어 디카시집을 출간한다는 것은 놀라운 일이다. 디카시는 시와는 비교할 수 없을 정도로 짧고 강렬하며 함의의 시적언술이 수반되어야 하고, 제목과 사진(영상기호)과 시적언술(문자기호)의 조응이 무엇보다 중요하기 때문이다. 이 디카시집에는 작가가 길을 가다가 잠시 멈춰 서서 바라보는 하늘과 땅 그리고 그 사이에 존재하는 모든 것들을 피사체에 담으면서 보여주는 감각과 감정들이 고스란히 녹아들어 있다. 눈에 보이는 그대로의 세계가 아닌 그 너머의 세상을 보여줌으로써 보다 폭넓은 사유를 경험하게 하고 생동하는 외부와의 관계를 통해 삶을 말하고 있다. 결코 무겁지 않고 강요하지도 않으면서 그 깊이와 감동의 진폭은 깊다. 더구나 한 편 한 편 모두 빼어난 작품성을 수반하고 있으니 특별한 미적 형식을 경험하게 한다.

나를 둘러싸고 있는 세계와의 조우

박순생 작가의 디카시들은 모두 우리 생활 주변에서 흔히 볼 수 있는 평범한 것들로 이루어진 생활문학이지만 오로지 작품성만으로 본격문학이라는 예술성을 획득하고 있다. 총 3부로 구성되어 있는 이 디카시집 『교신 중』은 '나를 둘러싸고 있는 세계', '이 사회에서 발견한 통찰과 직관', 그리고 '위트와 풍자의 미학'으로 이 세계에 대한 애정 어린 관심이 거미줄처럼 서로 유기적으로 연결되면서 작가의 작품 세계를 통합적으로 보여준다.

제1부에는 모두 열여덟 편의 작품이 수록되어 있다. 나를 둘러싸고 있는 구성원과 나, 그리고 오로지 나만의 세계, 즉 가족과 나의 생활 주변에서 발견한 풍경과 사물에 대한 작가의 사유가 어떠한지를 알 수 있다.

한 쪽으로만
무한정
뻗어가는 마음

– 「사랑」 전문

『교신 중』 첫 수록작인 「사랑」은 사진과 시적언술만 본다면 그저 특별할 것 없는 평범한 일상의 한 단면이고 이런 것으로 도대체 무엇을 전달하려고 하는지 알 수 없다. 하지만 '사랑'이라는 제목을 보게 된다면 무릎을 칠 수밖에 없다. 얼굴은 보이지 않지만 남편으로 짐작되는 사람에게로 그림자가 길게 뻗어가고 있다. 해가

서산으로 기울어질수록 그림자는 곧 그쪽에 닿을 것이다. 한 평생을 같이 살아왔어도 그 속을 다 알 수 없다 해도 오래 함께 하다보면 눈빛이나 목소리 톤만으로도 상대가 무얼 원하는지, 어떤 기분인지 알 수 있는 게 부부 사이다. 서로 의지하고 허물조차도 다 덮어주면서 함께 해온 시간이 저런 긴 그림자를 만들며 '무한정' 한 쪽으로 '뻗어가'게 하는 원동력이 되었을 것이다. 몇 십 년을 함께 했는데 좋은 날만 있었겠는가. 하지만 좋은 날이 더 많았을 것이니 그런 좋은 기억들이 더 단단한 관계를 만들고 이렇게 서로를 바라보면서 황혼 속에 빛날 수 있는 것이다.

사랑이란 그런 것이다. 사랑이 어디 나누어 가질 수 있는 것이던가. 오직 한 대상에게만 집중되고 계속해서 그쪽으로만 마음이 가는 것이 사랑이다. 사랑을 해본 적이 있는 이라면 누구나 공감하고 인정하는 마음이 아닌가.

우리는 시를 쓸 때 불가피하게 개인적 체험을 가지고 작품화 하는 경우가 있는데 이럴 때 주의할 필요가 있다. 자기만 아는 내용을 가지고 혼자만의 추억에 젖어 감정의 과잉을 보일 때, 독자들은 전혀 공감을 하지 못한다는 것이다. 특히 시에서는 감정의 절제를 철저히 통제하면서 독자 스스로 감각과 감정을 느끼도록 해야 한다. 우리는 이것을 '체험의 일반화'라고 한다. 작가의 체험에 독자도 그런 경험이 있어서 그 감정의 공명을 함께 느끼도록 해야 한다는 것이다.

「사랑」은 굉장히 담백하게 자신의 감정을 진술하고

있는 작품이며 누구나 알고 있는 '사랑'을 소재로 하고 있어서 어쩌면 식상한 주제이기도 하다. 하지만 그 사랑이 얼마나 깊고 절절한지를 단 한 마디도 하지 않지만 긴 그림자로 천천히 다가가는 황혼녘의 시간과, 무엇인가를 계속 경작해온 텃밭이라는 공간이 인생을 함께 해온 부부를 표현하기에 이보다 더 적절한 메타포는 없다고 생각한다.

　이 작품에서 중요한 것은 시간과 공간이다. 계속해서 경작해온 이쪽의 텃밭은 수확이 끝나 깔끔하게 정리가 되어 있다. 어쩌면 이미 살아온 시간이고, 경작해야 할 것은 다 경작했다는 것을 대변하고 있는 건 아닐까. 그리고 아직은 푸른빛이 감도는 저쪽 텃밭에는 나무가 있고 수확해야 할 열매가 달려 있다. 내 그림자는 자꾸 저쪽으로 길어지고 있다. 이건 아직은 함께 해야 할 시간과 그 무엇이 남아 있다는 의미로 읽힌다. 이쪽-저쪽, 수확-미수확, 당신-나, 과거-현재, 이 사진 한 장에는 이렇듯 시간과 공간이 절묘하게 매치되면서 '나의 마음(사랑)'을 대변하는 '긴 그림자'는 객관적상관물로 작용한다. 언뜻 보면 아무것도 아닌 것 같은 사진은 작가의 관점에 따라서, 시적언술의 깊이에 따라서 이렇게 특별한 작품으로 탄생할 수 있는데 이게 바로 박순생 작가의 시적 역량이다.

　박순생 작가를 둘러싸고 있는 세계에서 가족은 중요한 메타포 중의 하나이다. 「사랑」, 「가족사진」, 「숨은 보석」, 「저녁노을」 등은 가족에 대한 사랑과 감사와 신뢰를 표현하고 있다. '고맙다, 사랑한다'는 말 한마디 없지만 독자들은 그 사랑의 깊이를 아무런 의심 없이 공감하고 느낀다. 며느리를 보석처럼 아끼는 박순생 작가의 마음은, 잘 보이지도 않는 바위 틈 사이에서 붉게 익은 뱀딸기 하나를 포착하는 순간 더욱 빛난다. 이 뱀딸기는 아주 특별한 메타포가 되어 '야무지고 선한 눈망울'의 '아들의 짝'(「숨은 보석」)으로 치환되고 '내 며느리는 저렇게 이쁜 보석'이라고 선언하는 시어머니의 진한 애정이 담겨 있다는 걸 독자들은 감탄어린 시선으로 마주하게 된다. 짧은 두 문장 안에는 '뱀딸기=숨은 보석=내 며느리=귀하다'라는 몇 차례의 은유를 통해 작가가 전달하려는 메시지가 선명하게 읽힌다.

앞뒤 가리지 않고
튀어나오는 저 말들

눈먼 말들일랑
부디 거두소서

– 「수다방」 전문

이 작품에서는 박순생 작가의 성격이 그대로 드러나

면서 자기 관리가 얼마나 철저한지를 알 수 있다. 겉만 보아서는 그 속을 알 수 없는 석류 한 알 안에는 새빨간 것들이 수도 없이 들어 있다. 작가는 이 석류 속 새빨간 것들을 모티브로 삼아 '새빨간 거짓말'과 결부시킨다. 겉으로는 알 수 없던 사람이 입만 열면 '앞뒤 가리지 않고' 새빨간 거짓말을 쏟아내는 사람을 풍자와 비판의 대상으로 삼기 위해서다. 특히 아무 말이나 내뱉는 말들 속에 교묘하게 섞이는 진실과 거짓을 구별하기란 쉽지가 않다. 악의를 가지고 있다면 더더욱 힘들다. 그러니 '눈이 멀어' '튀어나오는' 말들이 애먼 사람을 다치게 하기 전에 '부디 거두어'지길 바라는 선한 마음이 있어 이 세상은 아직 살만 할지 모른다.

　이와 같은 맥락을 가진 작품이 몇 개 더 있다. 「저 입들」과 「번뇌」가 그것이다. 장독대를 쌓아올린 조형물 앞에서 작가는 '여자 셋이 모이면 장독 깨진다'는 속담을 떠올리고 '나이 들어가면서' '입은 닫고'(「저 입들」) 살아야 한다고 스스로에게 다짐하면서 다른 사람에게도 경종을 울린다. 또한 「번뇌」에서는 '몸'은 세상만사 춤추며 즐겁게 살아가라고 하는데 '머릿속'은 '온갖 잡념'으로 가득해서 어떻게 해야 할지 모르겠다는 내적 갈등의 어려움을 토로하고 있다.

　자기 자신에게 엄격하지 않다면 이렇게 몇 작품에 걸쳐 스스로를 반성하고 성찰하는 작품을 쓰지는 않을 것이다. 「수다방」이나 「저 입들」 모두 말을 함부로 해서 생기는 불상사를 염려하는 작가의 올곧은 성격이 그대로 드러나는 작품들이다.

저 광활한 우주는 어떤 세상일까
안테나 활짝 펴고 주파수를 맞춘다

은하수를 여행하는 히치하이커를
만날지도 모르겠어

–「교신 중」전문

표제작인 이 작품은 작가의 또 다른 의식 세계를 엿볼 수 있는 작품이지만 독특한 발상에 감탄하게 된다. 우리는 늘 크든 작든 여러 종류의 나무를 만나고 사진을 찍기도 한다. 하지만 나무를 대상으로 하여 '안테나'와 '주파수'와 '은하수를 여행하는' 여행자를 상상하진 않는다. 아래에서 위로 올려다보면서 찍은 나무의 모습은 아득한 허공을 향해 날아가는 모습이다. 나뭇가지들은 안테나로 비유되었고 바람에 흔들리는 잎들은 어떤 신호를 수신하는 주파수가 된다는 점, 그리고 '교신 중'이라는 현재 진행형 등등이 그것이다.

  가족에 대한 사랑이 남다르면서 자기 자신에게는 엄격한 작가가 이 세상 너머 광활한 우주로 소통하고자 '안테나 활짝 펴고 주파수를 맞추'는 상상을 하기란 쉽지가 않다. 박순생 작가는 늘 일상적이고 소소한 것들에게 눈길을 주고 있고 그 눈길 끝에서 잡히는 평범한 것들에 대한 애정을 보여주고 있는데 그 관찰 대상이 우주로 확대되고 있다. 그리고 혹시 '은하수를 여행하는 히치하이커'를 만날지도 모른다는 기대감을 숨기지 않는다. 그리고 계속 '교신 중'이라고 한다.

  수필가인 작가가 디카시를 쓰게 된 것은 어떤 의미에서는 파격이며 새로운 세계를 탐색하고자 하는 열정과 열망이 있기 때문이었을 것이다. 그러니 이 세상 너머에 있는 또 다른 세계에 대한 호기심의 발동은 어쩌면 당연한 결과일 거라는 생각이 든다.

이 사회에서 발견한 통찰과 직관의 무늬들

  현대의 창작자들은 생산자(producer)이면서 동시에 소비자(consumer)인데 이런 사람들을 프로슈머(prosumer)라 부른다. 과거에 창작자는 생산자의 영역만을 담당했고 독자들은 창작물을 소비하는 소비자의 입장이었다. 하지만 지금의 독자들은 단지 소비하는 데만 머무르지 않는다. 특히 디카시를 창작하는 분들

중에 프로슈머들이 많은데, 처음에는 단순히 디카시 자체가 좋아서 작품들을 찾아서 읽다가 본인이 직접 창작을 하고 책까지 발간하는 경우가 허다하다. 박순생 작가의 경우도 프로슈머라 할 수 있다. 디카시라는 새로운 시에 흥미를 느껴 시작한 공부가 디카시를 창작하고 시집까지 출판하기에 이르렀으니 진정한 프로슈머의 전형이라 할 수 있다.

디카시집 『교신 중』의 제2부에는 총 18편의 작품이 수록되었는데 부조리한 사회 현상, 약자의 목소리, 생을 관통하는 통찰이 세밀하고도 내밀하게 표현되어 있다. 이 사회의 부조리한 현상에 대한 경각을 일깨워주는 「가난한 세입자」와 「무료분양」이 있고, 약자의 편에 서서 그들의 목소리를 대변하는 「스토커」와 「도와주세요」, 그리고 생을 관통하는 통찰을 보여주는 작품으로는 「또 다른 길」, 「숙명」, 「연륜」, 「세월의 힘」, 「상흔」 등이 있다.

사랑도 지나치면 병이 된다
진드기처럼 달라붙어 떨어질 줄 모른다

피를 말린다

-「스토커」전문

요즘 뉴스를 보면 하루가 멀다 하고 데이트 폭력, 몰카, 스토커 등 신종 범죄가 상상을 초월할 정도로 극심하다 못해 사람의 목숨까지 빼앗는 일이 다반사로 일어나고 있다는 걸 알 수 있다. 젊은 여성들 사이에서 오죽했으면 '집 밖은 위험하다'라는 말이 유행처럼 번지고 있겠는가.「스토커」작품은 우리 사회의 심각한 병폐를 적나라하게 보여주는 작품이다.

사진을 보면 괭이밥 잎에 진딧물이 잔뜩 들러붙어 있다. 그리고 점점 세를 불려가고 있다. 진딧물은 식물에 붙어 그 식물의 진액을 빨아 먹으면서 결국 그 식물을 고사하게 만드는 심각한 해충으로 한 번 들러붙으면 흔들어도 잘 떨어지지 않는다. 그리고 번식력이 좋아 며칠만 지나면 잎을 다 뒤덮어버리고 만다. 이 디카시에서 진딧물은 진드기에 비유되었다. 진드기는 동물이나 사람의 피를 빨아먹고 사는 해충으로 한 번 물면 제 배를 다 채울 때까지 절대 놓지 않으며 심한 경우에는 사망에 이르게 한다. 그러니 저렇게 들러붙어 식물의 진을 빨아먹는 진딧물이나 사람에게 붙어 피를 빨아먹으면서 죽게 만드는 진드기나 그 성질은 같은 것이다. 특히, 싫다는데도 자기는 사랑이라고, 사랑하니까 시도 때도 없이 찾아오고 전화하면서 괴롭히는 사람은 그게 '병이 된다'는 걸 몰라서가 아니라 집착으로 인해 상대방의 '피를 말려' 힘들게 한다. 그건 사랑이 아니고 병이

어서 치료받아야 하고 심하면 격리시켜야 한다.

살아가면서 한 번쯤은
가슴이 텅 비어버리는 일이 있지

생의 가장자리가 다시 채워지고
만개한 푸른 날들로 뒤덮이는 건
수많은 꽃들을 버렸기 때문

– 「상흔」 전문

나뭇가지가 말라서 떨어져 나간 자리인지 아니면 누군가 잘라버린 자리인지는 확실하진 않지만 동그란 자국 안에 새살이 차오르고 그 주위에 새 가지가 다시 무성하게 자라고 있다는 걸 알 수 있다. 우리는 '살아가면서 한 번쯤은' '가슴이 텅 비어버리는 일'을 경험한다. 그건 행복했던 시간을 버릴 수밖에 없는 어떤 상황일 수도 있고, 누군가에게 해를 입어 큰 상처를 받은 상황일 수도 있다. 하지만 꽃을 버려야 열매를 맺을 수 있고 그 꽃 진 자리에 새 잎이 푸르게 난다는 진리를 받아들인 사람만이 나무를, 숲 전체를 울창하게 키울 수 있다. 억울해서 분노를 삭이지 못한 채 세월을 보낸 사람은 과거에 발목이 잡혀 결코 앞으로 나아갈 수 없다. 아무리 가슴이 텅 비어버리게 허무를 경험했어도 그 가슴을 다시 메우고 일어서야 한다. 내일의 달콤한 열매를 얻으려면 오늘의 '수많은 꽃들을 버려야' 하고 한 톨의 희망이라도 남아 있다면 그걸 붙잡고 내일을 열어야 한다. 수백 년을 살아온 교목을 보면 수많은 옹이가 아름다운 무늬를 만들면서 당당하게 서 있지 않은가.

　꽃이 져야 더 푸른 날들이 온다는 건 보편적 진리이지만 이걸 나무의 상흔에 투여하고 생의 가장자리와 연결시키는 통찰은 아무나 할 수 있는 게 아니다. 박순생 작가는 우리가 늘상 보아왔고 지나쳤던 사소한 일상에서 특별함을 찾아내는 시안詩眼이 발달한 작가이다.

위트와 풍자의 미학

　디카시집 『교신 중』의 제3부에는 총 16편의 작품이 수록되어 있는데, 이 세계에 대해 애정 어린 관심을 위트와 풍자 넘치는 작품들로 채우고 있다. 늘 고요하고 진지한 작가의 성격으로 봤을 때 의외라는 생각이 든다. 「레전드」, 「언감생심」 같은 작품은 위트가 넘치고, 「액자」, 「숨은그림찾기」 같은 작품은 풍자적 요소가 짙어서 읽으면서 나도 모르게 미소가 지어진다.

어쩌다
돌고 도는 모습을
들켜버린 '나'

이후
비보이의 전설이 되었다고 합니다

−「레전드 legend」전문

정말 재미있는 발상의 전환이다. 풍뎅이가 뒤집어져 계속 빙빙 도는 모습을 비보이들의 춤과 연결시키다니! 생각지도 못한 발상에 절로 감탄이 흘러나온다. 또한 독백체의 문체가 한층 재미를 더한다. 뒤집어져 버둥거리고 있는 풍뎅이가 멋쩍어 하면서 '흠, 그래 나는 비보이들의 전설이야'라고 혼잣말을 중얼거리고 있는 모습이라니! 정말 위트 넘치는 작품이 아닐 수 없다. 매사 진지하던 작가가 이런 작품을 쓸 거라곤 짐작조차 못했다. 하지만 작가들은 현상 너머의 세계를 통찰하고 직관하는 안목이 일반인들에 비해 훨씬 발달해 있다. 그

건 철학적 사유가 동반되는 고도의 정신세계에 속하고 그래서 일반인들이 볼 때 현실적이지 않고 말도 안 되는 말을 하는 사람으로 취급받을 때도 많다. 하지만 작품을 창작할 때 상상력이 뒷받침되어 독자들이 미처 생각하지 못했던 상황이나 현상을 보여줌으로써 읽는 즐거움과 함께 그 무한히 뻗어나가는 상상력을 따라가는 재미 또한 쏠쏠하게 제공하는 것이다.

문학은 효용적인 측면을 강조하는 학문이 아니다. 그래서 시를 읽고 소설을 아무리 많이 읽는다 한들 지금의 내 생활을 경제적으로 도와주지는 못한다. 그러나 내 삶의 질을 훨씬 풍요롭고 다양하게 할 수는 있다. 내 삶의 방향을 어디에 어떻게 두어야할지 고민할 때 도움을 받을 수 있고 슬프고 외로울 때 한 줄의 문장에서 위로를 받기도 한다. 문학의 존재 이유는 바로 이런 점에 있다.

누군가 우울할 때 이「레전드」를 읽는다면 피식 웃음을 지으면서 툭 툭 털고 일어날 것만 같다. 왜냐하면 생각의 각도를 조금만 바꿔보면 기실 아무런 고민이 되지 않을 것들이 수도 없이 많기 때문이다. 병에 물이 반쯤 차 있을 때, 어떤 사람은 반밖에 남지 않았다고 부정적으로 생각한다. 하지만 어떤 이는 반이나 남았다고 긍정적으로 받아들인다. 부정적인 생각보다는 긍정적으로 받아들이는 사람이 훨씬 건강하고 장수한다는 연구 결과도 있으니 이 풍뎅이처럼 긍정적으로 상황을 받아들이는 지혜가 필요하다.

저 너머 세상
가져온
나는 봉이 김선달

- 「풍경을 팝니다」 전문

　현대판 봉이 김선달을 보고 있다. 창문 너머 풍경을 사진으로 찍고 그걸 '팔겠다'고 광고를 하고 있다. 창문으로 나갈 수 없어 직접 만져보고 거닐 수 없으니 눈으로라도 실컷 감상할 수 있게 사라는 것이다. 재미있다. 현 사회를 비트는 풍자가 깊다. 제목과 사진과 시적 언술이 한 치의 오차도 없이 딱 들어맞아 읽는 이가 무릎을 치게 한다. '세상에, 대동강 물을 가져와서 팔아먹은 봉이 김선달이 여기에 있었네!'라는 조롱과 함께 '그래, 맞아. 현대에는 저렇게 사람들을 속이면서 제 잇속만 챙기려는 사람이 너무나 많아'라는 자각까지 하게 만드는 절묘한 작품이다.

박순생의 디카시집『교신 중』은 다양한 감각과 감정들이 절묘한 조화를 이루면서 교목처럼 우뚝 서 있다. 그리고 작가의 통찰과 직관이 눈부시게 빛난다. 수필가가 아닌 처음부터 시인이었던 것처럼 함축과 비유의 문장들을 자유자재로 다루면서 우리를 현실과 상상의 세계로 인도한다. 너와 나가 아닌 우리라는 관계성을 구축하고 폭넓은 시야와 생각의 깊이를 보여준다. 때로는 개구쟁이가 되어 폴짝폴짝 뛰어다니는 모습으로, 또 때로는 고요하게 참선하는 구도자의 모습으로, 또 어떤 때는 철학자의 모습으로 우리 앞에 나타나 이 세계의 모든 것을 애정 어린 시선으로 건넨다. 앞으로 박순생 작가가 보여줄 또 다른 세계의 모습이 어떠할지 기대를 갖게 하기에 충분하다. 더 나아가 앞으로 창작할 디카시에 대한 변함없는 열정과 **빼어난** 작품성으로 인하여 디카시의 확장과 위상에 크게 이바지하기를 기대해 마지않는다.

창연디카시선 024

교신 중

2024년 11월 30일 초판 1쇄 발행

지 은 이 | 박순생
편　　집 | 이소정
펴 낸 이 | 임창연
펴 낸 곳 | 창연출판사
주　　소 | 경남 창원시 의창구 읍성로 36
출판등록 | 2013년 11월 26일 제2013-000029호
전　　화 | (055) 296-2030
팩　　스 | (055) 246-2030
E - mail | 7calltaxi@hanmail.net

값 15,000원
ISBN 979-11-91751-69-7　　03810

ⓒ 박순생, 2024

＊ 이 책의 판권은 저자와 창연출판사에 있습니다.
＊ 양측의 서면 동의 없이 무단 전재나 복제를 금합니다.
＊ 이 책은 한국예술인복지재단 예술활동지원금으로 발간되었습니다.